baydoun

baydoun

vivido, escrito e ilustrado por

alberto ramos

ESPASA ES POESÍA

ESPASAesPOESÍA

© Alberto Ramos, 2023
© Editorial Planeta, S. A., 2023
Espasa, sello editorial
de Editorial Planeta, S.A.

Maqueta e ilustraciones de interior: © Alberto Ramos

Primera edición: enero de 2023

Preimpresión: MT Color & Diseño, S. L.

Depósito legal: B. 21.717-2022
ISBN: 978-84-670-6766-8

Espasa, en su deseo de mejorar sus publicaciones, agradecerá
cualquier sugerencia que los lectores hagan al departamento
editorial por correo electrónico: sugerencias@espasa.es

www.espasa.com
www.planetadelibros.com

Impreso en España/Printed in Spain
Impresión: Liberduplex

Editorial Planeta, S. A.
Avda. Diagonal, 662-664
08034 Barcelona

a isak baydoun

índice

prefacio

baydoun es una historia de supervivencia
a través del cariño

antes explora las heridas abiertas
todo lo que debería haber sido
y sin embargo no fue

durante mira el amor como idea de una nueva vida
la efímera sensación de que todo lo que perdiste
ha vuelto a ti

después es el choque de realidad
la certeza de que dos piezas rotas
no hacen una entera

baydoun
es el camino de querer encontrar todo el amor
que no te dieron
en una persona—también dañada
y descubrir todas las maneras
en las que vuestro dolor conjunto
puede haceros ambos
más libres y más rotos
pero sobre todo
más salvajes

carta para lo que queda de nosotros

hoy me he levantado y me he ido a dormir
pensando en el agua
de tu garganta
lo llevo haciendo desde que te fuiste
y te lo llevaste todo
es bonito pasar los días nadando en ti
pero a veces también cansa
el espacio donde yo acabo y tú empiezas
es un camino abierto
y
no es justo

está llevándome tiempo
deshacerte de mi sangre

con cariño

Alberto Ramos

antes

aún sigues buscando el calor
que
no recibiste
cuando
tus padres vieron tu luz brillar
por primera vez
y
en lugar de avivarla
la apagaron

— nutrición lumínica | antes

eighteen vino
y arrasó con todo a su paso.
rompió cada uno de nuestros huesos.
nuestras voces. nuestra carne. nuestras aguas.
nuestras manos. nuestros músculos.
no estaban preparados.
pero el espíritu sobrevivió.
se aferró a la última esperanza.
siempre supo que estábamos destinados a ser
algo más que una historia triste.
para luchar contra la amargura. contra el ácido estado
en el que nos dejó la vida. ha estado
bebiendo sol.
llorando flores.
sangrando agua.
durante dos años.
este es su trabajo de reconstrucción.
donde empieza la cura.
y por fin. estamos preparados para retomar
nuestro aliento. una vez más.
después de todo
aún seguimos dando forma al camino.
a casa
de vuelta
a nosotros mismos, mi vida.

el momento. en el que lo dices.
poco te hicieron para lo que te mereces.
todo está mejor sin ti.
maricón de mierda.
deberían partirte la cabeza.
ya sea. desde la furia. o la lógica.
es el momento. en el que estás muerto para mí.
incluso si aún hablamos. incluso si las
inconveniencias de la vida aún me empujan hacia
ti.
tú. estás muerto para mí.

— estar enfadado por otra cosa nunca justificó
tu extrema crueldad

está todo tan mal que
no sé ni por dónde empezar
no sé ni qué decir
aparte de
afirmar el hecho
de que
estar aquí
me hace
sentir
algo menos
humano

– *apático*

supongo que estoy practicando
para hablar
cuando
lo que quiero y necesito decir
es exactamente
lo que tú ni quieres ni necesitas oír

— voz

estoy volviendo. a casa. dónde está. mi casa. necesito.
encontrar. una casa. quiero. una casa. estoy llamando.
a casa. pero nadie lo coge. nadie lo escucha. y
no puedo seguir siendo. casa. necesito sentarme.
tumbarme. amarme. reírme. relajarme. cantarme.
llorarme. gritarme. en casa. dónde puedo comprar una
casa. acaso incluye. el respeto. acaso incluye. el amor.
la familia. cuánto. tengo que pagar. por la casa. puedo
pagar en sangre. puedo pagar en lágrimas. por favor.
que el universo me guíe. hasta casa. la encontraré
algún día. quizá. la tiene él. escondida. y la sostiene
en sus ojos almendra cuando se sonroja.

— *la casa de piel | la piel de casa*

acaso puedo ser un hogar. sin tener uno.

me dejará ir mi pasado
me dejará irme y seguir viviendo
todo a la vez

viajo por el mundo
en busca de mi alma
en busca de un hogar
en busca de una familia
dejo
un hueso en
cada sitio en el que estoy
en cada sitio
en el que puedo sangrar

– exploración

espero que esto acabe pronto
y
que no se lleve mi vida
en el proceso

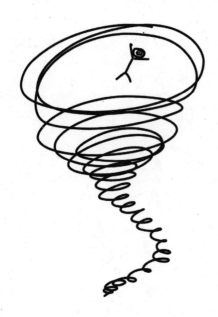

sigo teniendo un bote lleno de sueños y billetes
para escapar algún día

— aire fresco

el juicio
la espera
los testimonios de testigos
el veredicto final
y
continuar con mi vida
creo que habrían cambiado mi vida
creo. que de haber habido vida
en mí. en
aquel entonces habría
cambiado
mi vida
una
y otra
vez

— *sujeto*

cuando me voy
no es mi curiosidad lo que me lleva
tan lejos
es una profunda necesidad
de respirar paz y estrellas una vez más

alejarme
de todo
es lo más cercano que he estado de mí mismo

— exploración ii

mi vida. ni sangrando miel. ni llorando flores he
podido deshacer toda la amargura. que sembraron
en mi interior esa noche en la que todo se llevó un
paso más allá. el mundo entero tuvo que agarrarme
cuando vinieron a comerse la luz de mis entrañas. y
me obligaron a mirar.

mi existencia se ha reducido a una lucha por mantener
esa luz viva. por ella he estado escribiendo. llorando.
sangrando. bailando. dibujando. rompiendo. soñando.
saltando. gritando. volviendo. estoy reuniendo a todas
las estrellas para suplicarle a mi luz que vuelva. para
pedirle que entienda. que yo no puedo devolverle. lo
que no le arrebaté. que necesitamos levantarnos.
y permanecer unidos.

pero dice que necesita espacio para sentir la
recomposición de la vida. dentro de sí. que aunque yo
crea que sí. aún no estamos preparados. que necesita
hablar y que la escuchen. que necesita que las bocas
del odio. juicio. prejuicio. dejen de hacer ruido por un
momento. dice que necesita invocar al sol y hacerle
oír su llanto. dice que aún se está rompiendo.
y así es como suena su dolor.

— *carta a la luz que me arrebataron*

mentiras goteaban de tus labios
mientras llegabas a aquella habitación fría y oscura
bajo esas luces blancas
y los micrófonos ocultos
pero fingir que yo
estaba
siendo tratado con dignidad
fue de lejos la más salvaje de las mentiras
fue
de lejos
la más salvaje de las mentiras
que has dicho en toda tu vida

— *interrogación | la más salvaje de las mentiras*

estoy dispuesto
a recorrer el mundo
en busca de mi gente
en busca de mi sitio
en busca de mi amor
de mi aliento

— *exploración iii*

coge lo que quieras
y
vete
esto
siempre fue
sobre ti
de todas formas

— amor que no es amor

dicen que mi corazón se ha enfriado. que mi piel ya
no aguanta el calor como solía hacerlo. que me encojo
como un caracol al sentir otras pieles sobre la mía y la
luz de mi mirada se ilumina más por miedos que por
luz.

dicen que dejé de sentir. y de abrazar. y de besar.
y de amar. que mi sangre se volvió fría y pesada y
mi corazón ya no conoce de emociones. que ahora
siempre soy analítico. calculador. indiferente. ajeno.
que ya no empatizo. ni siento.

que ya no vivo mi vida. sino que solo respiro a través
de ella. que mi sangre está seca y mi apetito por la
densa vida. se comió a sí mismo. y murió de hambre.
siguen señalando cómo miro arriba cuando antes era
abajo e izquierda cuando solía ser derecha. pero no
importa hacia dónde mire no veo rastro de mí. de lo
que quedó. después de todo.

pero por favor. dime que no les crees. porque estoy
cansado de hacer esto siempre por mi cuenta. y esta
noche. en la cercanía de nosotros. necesito saber. que
piensas. que hay posibilidad de una nueva vida. que
puedo llegar a sentir. de nuevo. como un día hice.

cómo pueden haber sido mis años adolescentes
aquellos que pasé colgado
de los extremos de mí mismo
demasiado aterrorizado
para vivir como yo mismo
aún demasiado esperanzado
para dejar de existir

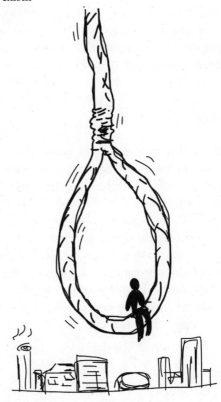

anoche me desperté pensando cómo disminuirían las
tasas de suicidios adolescentes si la homosexualidad y
el derecho al matrimonio igualitario se legalizaran en
todo el mundo. ya que prohibir la homosexualidad
conduce a acoso homófobo extremo. y potencialmente.
a que los acosados se quiten la vida.

ningún otro adolescente está en mayor riesgo de
cometer suicidio que uno lgbtq. las pautas de esto
son particularmente notables en los colegios. donde
jóvenes son obligados a cohabitar con sus matones a
diario. donde no solo son torturados por ser quienes
literalmente son. sino que también son castigados si se
atreven a expresarse.

hoy en día. en países como irán o yemen. tales castigos
pueden ir desde pasar el resto de sus vidas en la cárcel
a ser públicamente ejecutados. qué precio más alto
por ser uno mismo. cómo puede alguien tener ojos y
no verlo. me pregunto cómo pueden aquellos al cargo
de tales políticas dormir por la noche. sabiendo que
esto es una masacre. y que la sangre está en sus manos.
me pregunto cuánta sangre será suficiente. y para
aquellos cuyo aliento nos dejó hace tiempo porque no
pudieron soportarlo más. me pregunto si encontraron
su verdad. y finalmente. la pudieron vivir en paz.

esto no es una carrera. pero
empecé
dieciocho
años tarde.
cómo no va a ser desigual.

— el otro lado de la vida

ayer hizo cuatro años. desde que empecé unos
estudios que acabarían en todo esto. el viaje de
convertir lo negativo en positivo ha sido bastante
agridulce. porque a pesar de los bonitos resultados y
de dar a luz a mis hijos *eighteen* y *gay*. he encontrado
numerosas dificultades en el después. durante el
pasado año. y desde que acabó. no se siente como
si hubiera terminado. ya que lo revivo cada vez que
hablo de ello. que es a menudo. a veces me pregunto
si es realmente terapéutico vivir tanto en el pasado.
o si de otra manera debería tratar de simplemente
moverme hacia delante y dejarlo todo atrás. que es por
otro lado. algo que me prometí que nunca haría por
hacer justicia conmigo mismo por todo lo ocurrido.
supongo que a veces ninguna respuesta es la correcta.

— *reflexiones un 13 de agosto de 2019*

el miedo a
morir
y
a perder tu vida

— no es el mismo miedo

a veces no lo dicen. pero
lo sabes.
lo hueles en sus palabras.
lo sientes en sus gargantas.
lo ves en el agua de sus ojos.

la verdad es.
solo que no estás preparado para ella. todavía.

— extinción

pues claro
que no quieres que hable
cuando lo que tengo que decir
son verdades incómodas
realidades tristes
sal y dolor

pues claro
que prefieres que me calle
que me lo trague todo
y me convierta en un mar de amargura
por ingerir toda esta acidez

pero no pienso hacerlo
me oyes
la espina de mi boca
es demasiado dulce para sostener
todas estas mentiras

solo hace falta
una persona
para
convertir
este infierno
en un lugar
soportable

— amigo | compartiendo la guerra

y ya casi tengo veinte
y este
es el fin de
una etapa
el fin de
la adolescencia
la transición adulta

pero adónde fue mi adolescencia
no lo vi
al menos no en mis ojos no
en los ojos
de lo que debería haber sido
nunca en unos ojos libres
acaso ya soy adulto

dónde está la diversión. dónde está la experiencia.
dónde está la libertad. dónde está el beso en mitad
de la noche mientras siento el sol desvanecerse
sintiéndome infinito. dónde está el amor y la lujuria.
las risas y los juegos. tan solo recuerdo el miedo. la
habitación oscura llena de micros. los titulares. el
odio en sus miradas. tan solo recuerdo el dolor. quién
me ha robado todo esto. y lo que es más importante.
quién me lo devolverá.

una persona puede vivir toda la vida contigo.
y seguir sin conocerte.

— ojos

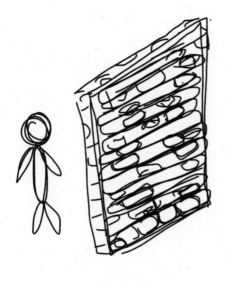

y aquí sigo después de todo. (con)
tu sangre fresca aún en mis venas.

no estoy mintiendo.
cuando
mis ojos.
mi corazón.
mi espíritu.
lo ven. así.

— manera

~~la manera en la que me hablas~~
el dolor
que
me escupes.
es la manera que tienes
de
hacerte daño.
(aun cuando la sangre es mía.)

puede
que no te des cuenta.
~~mientras vives toda tu vida~~
~~dentro de tu violencia.~~
pero
me
~~estáis~~ estoy apagando.

— lo que ~~no~~ se dice

estoy en el punto de no retorno de saltar
y no volver
he estado
en este punto
más años
que fuera de él

— *este punto se convirtió en mi vida*

cuando escucho literatura
estoy oyendo a mi gente hablar
cómo has podido pensar
que esto es un simple pasatiempo
esto
es una conversación
mi gente habla y
para curarme
necesito oírles

sí
un lugar
puede ser casa
e infierno
a la vez

también
podemos caer
por no tener brazos
en los que hacerlo

— *muertes solitarias*

el trauma fue. es. siempre será.
una cadena perpetua
aunque
todo lo que tú te llevaras por ello
fuera una semana de expulsión
una denuncia mal tramitada y
unas risas con tus amigos

— *algunos recuerdos viven en tu garganta años*

tengo miedo de ti
sin
siquiera conocerte

cómo
podemos
vivir
de esta manera

— miedo a los hombres | miedo a los miedos

soy tu amigo. siempre lo he sido. siempre estuve aquí. para ti. tú sabes esto. por qué. aun así es tan difícil para ti apreciar quien soy. públicamente. así como lo haces de manera privada. solo porque soy diferente. al resto de tus amigos. no crees. que merezco algo mejor que un amigo que me utiliza para sacar lo mejor de mí cuando le conviene. pero que luego me esconde por el qué dirán.

— *pero me siento tan solo y hace tanto frío aquí*
que casi parece suficiente | fantasmas

y luego tendrás la cara. porque esa es la clase de persona que eres. de reclamar tu posición en mi vida cuando finalmente yo aprenda que merezco algo mejor. y ya no te quiera ni a ti ni a tu tóxica energía en mis alrededores. sin alegrarte de verme feliz ahora. fuera de ti. sino reclamando. que somos amigos. como si conocieras el significado de esa palabra. de mí. como si alguna vez me hubieras querido por lo que de verdad soy. y encima. justificando. y. exigiendo. tu bien ganado derecho a mí. porque estabas aquí antes. cuando siendo sinceros. eso es solo cierto a medias.

— fantasmas ii

me dices
que soy radical
porque no quiero en mi vida
a más personas que no me vean
después de haberme pasado media vida
siendo invisible

— *fantasmas iii*

hoy
no quiero llegar lejos
solo llegar

si yo soy diferente.
y
tú no lo eres.
por qué tienes tanto miedo.
a que te vean
conmigo.
es como
si mi vergüenza pudiera traspasarse a tu piel.
algo tan terrible. que
nos ahoga a ambos
sin necesidad de salir ni entrar por nuestras gargantas.
por qué tenemos tanto miedo.
a ser libres.

— *libertad indigesta*

si yo soy diferente.
y
tú no lo eres.
por qué ~~tienes~~ tengo tanto miedo.
a que ~~te~~ me vean
~~conmigo~~ contigo.
es como
si mi vergüenza pudiera traspasarse a tu piel.
algo tan terrible. que
nos ahoga a ambos
sin necesidad de salir ni entrar por nuestras gargantas.
por qué tenemos tanto miedo.
a ser libres.

— libertad indigesta ii

lo sentiré
el día
que no sea tu boca
sino tu espíritu
el que se disculpe

lo entenderás
el día
que no sea mi boca
sino mi espíritu
el que te perdone

claro que no confío en ti. y claro que no hablo.
pienso. ni siento. libremente. cuando estoy contigo.
esto ocurre simple y llanamente porque tú me has
demostrado una vez tras otra que no puedo.

cada vez. que me has escuchado para juzgar en lugar
de para entender. usando mis argumentos en mi
contra e intentando descubrir mis debilidades en mis
momentos bajos para luego saber dónde atacar.

y cada vez que fingías querer solucionar esto y
actuabas con simpatía como si nada hubiera ocurrido
pero yo ya no podía confiar en ti. me echabas la culpa
de todo y una vez más nos menospreciabas a mí y
a mi perspectiva. demostrando que tus verdaderas
intenciones nunca fueron entenderme sino llevarte
bien conmigo momentáneamente para poder
manipularme y conseguir algo que te beneficie.

sí. sí que eres así de retorcido y malvado y calculador.
y yo puedo reconocerlo. no porque lo sea también.
sino porque este es el hueso que me ha alimentado
durante toda mi vida.

dices que quieres dejar este mundo
en paz
mirándome a los ojos
sin ver culpa en ellos
pero me temo que hay cosas
tan bien incrustadas
que incluso aunque las frotaras con castillos
siempre permanecerán

— tatuaje | espejo

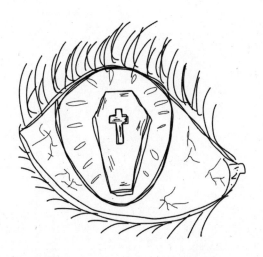

solo porque no me veas.
no
significa.
que
no exista.

dicen
que la familia.
es
el factor más importante que determina
el transcurso de nuestras vidas.
pero qué pasa si la casa donde vives.
decide que no somos
suficientemente buenos.
suficientemente auténticos.
suficientemente vivos.
tal y como somos.
cómo dejamos de sangrar.
y
nos movemos hacia adelante.

— cimientos

el daño está hecho. sentido. sufrido. podrido.
estancado. hundido. por dentro. y por fuera. no hay
forma de que puedas arreglar todo eso. con una simple
disculpa.

— *el perdón no es un truco de magia | tú eres el dolor*

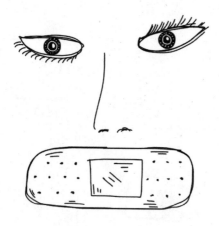

mis años adolescentes.
eran todas las vidas que
pude haber pasado bailando con el corazón fuera.
en vez de dentro.

— *realidad paralela | y mientras en la jaula de apatía*

aquellos años en estocolmo realmente parecieron de
película. de película de miedo. suspense. y drama.
la gente abusaba de mí de cada manera imaginable.
hacía frío fuera. se hablaron muchos idiomas. aparte
de sueco y árabe. el de mi sangre bailando en la nieve.
el de sus manos en mi cuello. y su violencia en mi
garganta.

como si no fuera suficiente. pasé los años viviendo
entre fuegos. hubo un día en el que mi espíritu echó
a arder en mitad de la calle. lo recuerdo. porque fue
el día más frío del otoño. también hubo un día en el
que decidí tirar todos mis miedos (y mis libros) contra
el suelo de camino a casa. y pasamos horas bebiendo
lluvia hasta que decidimos levantarnos.

también está la época en la que decidí ir a perderme
por el bosque. con el miedo y la esperanza de
encontrarme y no hacerlo. durante un tiempo nadé
con serpientes en aquel lago cerca de casa. todo era tan
ajeno y surrealista que debía de ser una película. cómo
podía sino ser el agua tan brillante. y los árboles tan
verdes. mi vida tan lejos. mi corazón tan destrozado.
y sus ojos tan vacíos.

— *la realidad supera a la ficción*

dónde estoy. necesito tenerme. de vuelta.
no reconozco esta versión insegura y dolida
de mí mismo que quedó después de todo.
sé que lo sientes. ya
has dicho eso.
pero dónde.
estoy.

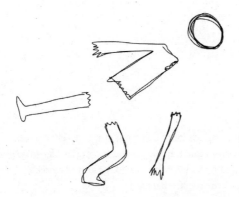

exijo mi vida
de vuelta.
estos años
de vuelta.
la inocencia
de vuelta.
tu espalda
de vuelta.
puedo acaso exigir algo que
nunca supe qué se siente al tener.
es que siempre viviré en la mentira.

— *todo lo que perdí ante el bullying*

(al final. después de luchar con todo el corazón.
todo lo que traje de vuelta. fueron las lágrimas.
la sangre. el dolor. el vacío. pero no la vida.
que me fue arrebatada.)

toma una bocanada de aire.
llena
de paciencia.
de resistencia.
de vida.
porque las secuelas
ya están aquí.

— curando el alma

conocerme
de hace años.
no es excusa
para maltratarme.

— *no te equivoques*

el trauma
no
me hace disfuncional.
sentir oleadas de ansiedad
es una respuesta natural ante
vivir ahogado en miedos tantos años.
lo
disfuncional
sería
que alguien que fue maltratado tantas veces
no desarrolle ninguna secuela.

— anormal | normal

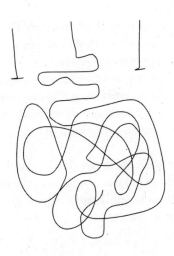

me dices que deje de estar tan a la defensiva. una y
otra vez. que deje de encontrar peligro donde no lo
hay. de sentirlo todo tan personal. tan cerca de mi
pecho. y es tu ingenuidad al decir estas cosas la que
te delata. como si fueras a decirlas si tuvieras la más
mínima idea de lo que se siente al estar en mi lugar.

como si fuera una decisión consciente que he tomado.
de percibir el mundo a través de los ojos del miedo.
como si fuera una promesa que me he hecho a
mí mismo. un juramento. de no disfrutar mi vida
enteramente. y sentir siempre el trauma tan cerca de
mí. como un mejor amigo. hasta el punto de sentirme
amenazado cuando no lo estoy. en peligro cuando no
lo estoy.

esta. es una consecuencia natural del abuso. deja
serias huellas en la salud mental de un individuo.
y sí es cierto que esa persona puede seguir adelante
con su vida. seguir bailando sus canciones favoritas y
escuchando sus melodías preferidas. puede que veas su
apariencia y su rostro. y pienses que sigue aquí. pero
nunca habrás estado más equivocado en tu vida.

ser acosado durante años. haber crecido con ello desde
niño. haber oído lo ridículo que son tus manerismos.
lo afeminada que suena tu voz. lo muy asqueroso/
inútil/horrible maricón que eres.

ser considerado como menos. sentirse así. siempre
ridiculizado. el crecer en y fuera de toda esa
discriminación. nunca creas. que es algo que acaba en
el momento en el que deja de ocurrir.

nunca creas que incluso aunque el mundo fuera
lavado de la enfermedad degenerativa de la homofobia
por hoy y ni un alma me tratara de manera
desigual. eso automáticamente me convertiría en una
persona con una salud mental saludable. ileso. sano. el
que era antes de que todo esto empezara.

porque el mayor problema es. que no tuve
oportunidad de conocerle. de conocer a la persona
que yo habría sido. de no haber pasado nada de esto.
la versión no discriminada. no traumatizada. no
dolorida—nunca ha existido.

el trauma. es irremediablemente parte de quien soy y
así lo ha sido toda mi vida. no he tenido tiempo físico
ni oportunidad para ser otra cosa.

antes de que esta etapa discriminatoria de la vida
(que acabó siendo toda ella) empezara. apenas estaba
aprendiendo a leer en el colegio cuando me llamaron
por primera vez *marica de mierda*.

me recuerdo comiendo dolor con incertidumbre.
mientras le preguntaba a mi madre el significado de las
palabras. día tras día. después del colegio.

mami. qué significa ser un maricón.
mami. qué significa ser un comepollas.
mami. qué significa ser una nenaza.
mami. qué significa que te den por el culo.

no me había formado como persona de ninguna
manera. ni había tropezado con la inteligencia
emocional. con entenderme a mí mismo. con
reconocer identificar entender y validar lo que siento
y por qué lo siento. cuando ya me habían sugerido
cientos de veces cosas como que me operara de una
vez *para ser una tía* o que fuera al orgullo *a comer pollas*
y a que me *violen el culo.*

no hace falta decir que mientras he crecido los
insultos amenazas y el maltrato solo han ido a peor.
y de ninguna manera ha sido mi camino uno de
desarrollarme como persona libre de estímulos de
odio discriminación bullying y homofobia que han
afectado severamente a la persona que soy hoy.

incluso si todas estas cosas dejaran de ocurrir en este mismo instante. cada vez que cierro los ojos. me paro. y respiro. empieza a ocurrir todo de nuevo. dentro de mí.

se reproduce una y otra vez en mi mente. mi cuerpo. mi ser. y no me queda otra que tratar de reiniciar de nuevo todo el proceso de ser alguien medianamente ileso y mentalmente sano. capaz de confiar en otras personas y no sentirme amenazado en situaciones o contextos en los que me he sentido amenazado antes. (que tristemente. con tan solo diecinueve años y dada mi experiencia. cada situación me recuerda a otra en la que anteriormente ya me sentí amenazado o fui abusado. objetivamente.)

así que no esperes tenerme de vuelta. cuando ni siquiera yo sé dónde estoy. ni dónde están las pequeñas piezas que me forman. yo solo quiero ser. aprender a sanar las secuelas de las secuelas.
y redefinir lo que sea que hay en mí para poder vivir una extraordinaria vida llena de amor y sin traumas. y para ello será más fácil si te guardas tus presiones que empujan a sanar más rápidamente algo que no tienes la menor idea de lo que es sentir.

el tiempo pasará.
menuda
pesadilla.
menudo
alivio.

y qué pasa si la jaula se abre.
y ya no me atrevo
a saltar
fuera.

— libertad tardía (como nuestra adolescencia)

tengo miedo a sentir. y vivir.
todo a la vez.

— *lecciones en la jaula de apatía*

dejé mi corazón tirado en estocolmo.
necesito volver.
recogerlo del suelo.
respirar.
de nuevo.

— un viaje al alma | cerrar un capítulo (en paz)

si mi sexualidad te
incomoda.
si pesa en ti.
si la proximidad a mí te hace percibirte
como menos hombre. (o te asusta que otros
puedan verlo así.)
si crees que mi feminidad es algo contagioso.
si es algo con lo que
no quieres ser asociado.
si nuestra intimidad te hace sentir menos hombre.
entonces no. no podemos ser amigos.

— *un amigo no es alguien que tan solo se queda*
  a mirar cómo pasan los años

tus mentiras
parecían
verdades
cuando
me las decías
en voz baja
y al oído

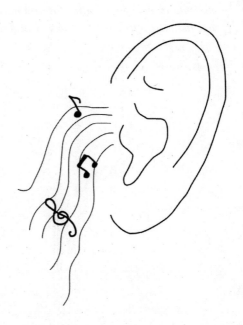

pero yo no estaba triste
la tristeza
es un privilegio que no pude permitirme

creo que habría estado profundamente triste
con lo que me estaba ocurriendo
de no haber estado tan ocupado
temiendo
que me asesinaran

— *no tenía espacio para sentir otra cosa más*
  que todo este miedo por mi vida | sentidos

nací bilingüe.
aparte de español
heredé
la lengua
del miedo.

la tristeza extrema
y
el miedo extremo.
son
incompatibles.
cualquier sentimiento
es
incompatible.
con
el miedo extremo.

— sentidos ii

siéntate con las palabras.
en el océano más cercano.
sácalas.
una a una.
échalas todas al agua.
y escucha.

— meditación

quiero perdonarte
es solo
mi
cuerpo
que
no está preparado

— *aún | recuerdo*

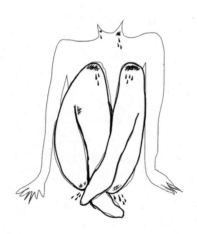

no perdonarte
me está haciendo más daño a mí del que jamás
podrá llegar a hacerte a ti.
solía pensar que no te lo mereces. ahora
estoy empezando a entender
que yo sí. que me lo merezco.

– dirección

sí. sí que puedes
enseñar
a otros
algo
que tú
aún estás aprendiendo.
yo lo hago todos los días.

— *respeto a uno mismo*

no quiero ser una tormenta
no quiero ser una tragedia
no quiero ser una historia triste
no quiero ser un modelo a seguir
no quiero ser una inspiración

por una vez en la vida
todo
lo que quiero
ser
es
paz

— colateral

ya no me queda espacio en este cuerpo
para meter todo este dolor
no me quedan lágrimas
para llorarlo
no me queda energía
para ser toda esta tristeza
puede
que
lo suelte todo
y
a ver qué pasa

hoy hace un año
desde que terminé de romperme en mil pedazos
y ahora todas mis partes
crecen por su cuenta

mi voz parece seguir rota
mi respiración sigue sin hablarnos
mi cuerpo aún sangra
y aún nos quedan mil partes más
por encontrar

espero que todas mis partes sepan encontrar
su camino a casa de vuelta a mí
espero que si no lo encuentran
al menos no pasen frío
espero saber recibirlas si vuelven
porque puede que estemos separados y rotos
algo vacíos
y que aún vivamos entre miedos
pero si hay una sola cosa que por favor pido
es que recuerden
que aún rotos
seguimos creciendo

— *nineteen*

esta vida
(el recuerdo punzante. la transición pesada.
el miedo a las bocas.)
está a punto de irse para no volver nunca.
y
yo
estoy
preparado.
para dejarla ir.

— *adiós a mi antiguo yo*

durante

mi voz está lista.
mi carne está lista.
mis aguas están listas.
mis manos están listas.
mis músculos están listos.
baydoun
ya está aquí. y
estoy
listo
para la cura.
ya puedo sentirla. la siento
bailando. en la espalda de mi garganta.
la siento. esta noche.
en la libertad de mis ojos.
en la lujuria de mi boca.
en el agua salvaje
de detrás de mis orejas.

— baydoun | durante

por ti.
yo entraría de nuevo
en la jaula de apatía.

es una noche nublada. y las únicas estrellas visibles se encuentran en el brillo de sus ojos. la conversación profundiza y nos suavizamos. nos estamos acercando. aun sin movernos. le cuento cómo planeo conquistar mi pasado curando mis heridas una a una. y él sugiere que empecemos esta noche.

— *conversaciones en una noche de verano*

estamos aterrorizados. de que alguien pueda vernos.
pero nos inclinamos a seguir viendo más el uno del
otro. y aunque ninguno de los dos esté planeando
enamorarse esta noche. nos dejamos sentir.

— *conversaciones en una noche de verano ii*

ya perdí demasiado ante esto.
y no estoy. dispuesto a dejar que el fantasma glotón
de mi pasado me coma vivo.
ya perdí mi adolescencia
en dolor. miedo. y soledad.
en sudor. sangre. y pesadillas.
y no pienso
darle toda mi juventud. como si nada.
no me hicieron con cinco litros de agua dentro de
mí
para quedarme quieto cuando me apuñalan.

— deshaciendo un trauma | una vida
(y dando a luz a otra)

y qué hay de los años entre medio. de contemplar.
la vida. sin vivirla. de verla pasar de largo. por estar
atrapado en la jaula de mí mismo. en la cárcel de
mi cuerpo. y encontrar una salida. conlleva muchas
más experiencias vitales de las que este mundo
tiene pensadas para mí. dónde está mi vida. no la
veo colgando del abismo entre mis dedos. ya no la
sostengo en la palma de mis manos. como otros niños
hacen. ahora la guardo en la espalda de mi garganta. y
ha estado haciendo mi respirar lento y pesado. desde
entonces.

pero tú eres tan real. tan libre. de ser. que olvido
siquiera que estás ahí. y a veces incluso se me cae
la vida de vuelta a la palma de mis manos desde mi
sofocada garganta. y me ves respirar. y respiramos
juntos. y por un momento me siento vivo. es lo
mejor que me ha pasado en toda la vida. tú eres tan
libre. que me recuerdas que yo puedo serlo. también.
y me duele. en todas las formas imaginables. y me
quema. ver. tantas maneras desconocidas de sonreír. te
envidio. mi vida. está mal que sienta esto. te envidio
de todas las formas imaginables.

— *adolescencia tardía*

es. la cosa que nos quema. y que alivia nuestras llamas. la que nos crea. y nos disuelve. la luz que nos esconde. y nos expone. el agua en la mañana. a un par de sonrojos. de distancia. si miras más cerca dentro de mi piel. lo sentirás. verás. lo que nos conecta. y. nos separa. el río de sangre. el sol amarillo en los ojos. la cosa que es sencillamente. rompedora. reconstructora. esa cosa. que eres tú.

toma el corazón. rómpelo. cúralo.
a quién le importa.
pero
hazle sentir.
porque privar al corazón de hacer
lo único que vino a hacer.
será su peor castigo
de todas formas.

— *no me hagas volver a la jaula de apatía*

incluso aunque yo viva mis días en los rayos de sol
más brillantes.
y
tú solo puedas dejarte amar
en luz de luna profunda.
esta noche. podríamos ser uno en el silencio.

— mientras nos tengamos el uno al otro

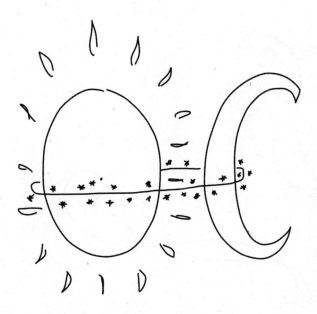

cuando me ahogue
no me des aire
necesito que me des
una razón para respirar
que me deje sin aliento

siempre pensé que una pequeña parte de todas
las relaciones humanas se basan en una especie
de balanza. donde cada parte es de alguna forma
recompensada. recompensas que varían enormemente.
puede ser que te hagan reír. pasarlo bien. o
prácticamente cualquier cosa que la otra persona
te aporte. que te haga sentir. visto.

más tarde en clase de psicología descubrí que era
cierto. existe esa teoría de la recompensa. y que
también hay una inmensa variedad de cosas que una
persona puede aportarle a otra. y nunca he sentido
personalmente que eso esté mal.

el problema surge cuando la gente poco a poco pero
decididamente empieza a ignorar las necesidades
y sensibilidad de la otra parte. y comienza a
sencillamente usar o aprovecharse de la otra
persona para obtener beneficios egoístas.
incluso aun haciéndole daño.

y puede ser una delgada línea. casi invisible para
muchos. entre contribuir al crecimiento mutuo con un
espíritu. de empatía. y. apretar el alma de una persona
hasta que saques todo lo que deseas de ella para luego
dejarla ahí sin más.

solo me quiere en voz baja

— *capaz*

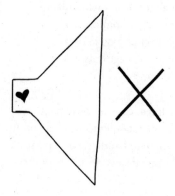

cariño habla conmigo. pero cierra los labios. usa tus
manos. estoy abierto. estoy preparado. mis ojos están
listos. mi corazón está listo. para darte la bienvenida.
de vuelta a casa. mi cuerpo es un molde de luz
esperando a tus manos. cariño dame forma. de vida y
amor. convierte nuestras luces en miel para que nos las
bebamos enteras. mi vida. estoy preparado. nunca he
estado tan preparado.

estoy fuera. mi vida. retomando mi aliento.
poniéndolo de vuelta en mi cuerpo. el gran dolor
se ha ido. cariño sé rápido y vulnerable. ven aquí.
antes de que vuelva.

ya ni siquiera me importa ser libre o no mientras
pueda respirar esa densidad. mientras pueda besar
el agua. y despertar mañana sintiéndome tan ligero.
sintiendo toda esta vida. entre mis dientes.

silencio. ve despacio.
suave.
y ligero
el tiempo se desliza entre nuestros dedos.
y yo también.

perdidos en tierras hostiles.
en el bloque 18 habitación 104.
dos hombres. sudando en un colchón.
sonríes y susurras
ámame como si estuviera prohibido
y volamos.

    — limpiando el alma en sucios hostales

la sangre.
tu sangre. mi sangre. nuestra sangre.
te está hablando.
piensas parar de una vez.
y escucharla.

— *conversación*

y qué hay de crear un corazón.
alzar su rostro. sostener su aliento.
un susurro
aún creo en ti
aunque nadie más lo haga
qué hay de la magia.

— *arreglar un corazón roto | crear un corazón*

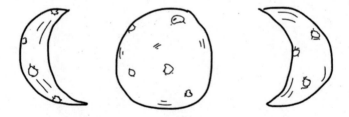

si nunca más volvemos a despertar
déjame ser
tu luna
por esta noche

dice
que está enamorado de
mi manera de moverme por el mundo

nunca esperé que tu amor. tus ganas. tu hambre.
de mí. te volvieran loco y salvaje. hasta el punto de
hacerte decidir exponer la luz en ti. salir fuera de la
luz de luna de este armario. yo nunca te pediría eso.
como si mi amor debiera ser más importante que el
tuyo. y mi necesidad de ti. debiera priorizarse sobre la
búsqueda de ti mismo. en un mundo en el que quizá
aún no te has encontrado.

incluso si encontrarte significara vivir en las sombras.
y a quién le importa mi vida. ellos no conocen estos
problemas. ellos. nosotros. no conocemos. lo que
te empujó a decidir que vivir escondido era mejor
que vivir honestamente. nosotros que vivimos vidas
enteras en extremos sabemos. que la libertad. lo es
todo. después de una vida de persecuciones.

no esperes que lo entiendan. ellos. que te empujan a
un lugar que aun pobremente. te mantiene a salvo. y
solo para luego llorar lágrimas de cocodrilo cuando ya
no puedes aguantarlo más y el dolor. la frustración. el
miedo. acaban por arrancarte la vida. el miedo a una
vida que no fue tuya. una vida que no elegiste tener.

temía tanto amarte
como si
el dolor de
comerme mi amor vivo
—o dejar que me coma
pudiera siquiera compararse
con el potencial dolor
de amarte

el respeto me halaga.
creo
que esto es lo peor de todo.

— *consecuencias*

párteme en dos
será lo más cerca
que esté de sentir
algo
esta noche

— rompiendo la jaula de apatía

cómo puedes das por sentado
que satisfaces todas mis necesidades si
ni siquiera llegaste a entenderlas del todo

— fantasmas iv

en nuestra primera cita. estoy algo nervioso. me
prometí a mí mismo ser totalmente sincero. me mira
directamente a los ojos y mi alma grita

entonces qué traumas has experimentado de tu adolescencia
tardía como resultado de homofobia internalizada además
de tu inhabilidad de entenderte con tu sexualidad por tantos
años

me trago el aliento. lo escupo de nuevo. y murmuro.
sabes ya qué vas a pedir. las estrellas caen dentro y fuera
de nuestros platos. y la luna está tumbada en mitad de
nuestras mentiras. el deshacer del pasado y el hacer de
nosotros. me dicen que va a ser una noche desafiante.

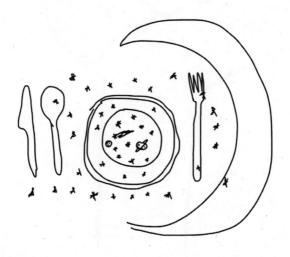

me preguntas si conozco el camino. de este viaje.
cuando
no conocer el camino.
es el único motivo por el que lo tomo.

— *cognición*

me preguntas si no tengo miedo. de hacerlo.
cuando
tener miedo de hacerlo.
es la única razón por la que lo hago.

— *cognición ii*

necesito algo más que un consejo
para aquellos que fueron criados
en jaulas.
y ahora
se encuentran a sí mismos
liberados y aterrorizados.

— *ajustando la libertad en mí | la jaula de apatía*

solo cuando llega la noche
puedo ser yo. enteramente.
es que no lo entiendes.
esta es la razón. por la que estoy
hecho de estrellas.

— *hidrógeno*

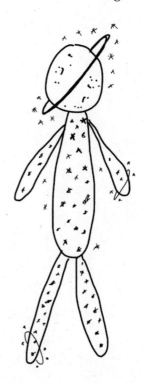

mantén la calma. aún queda algo de vida
entre tus dientes.

en teoría
no puedo enfadarme contigo
cuando
ardemos bajo el mismo fuego

pero en la práctica
puedo estar furioso contigo
a pesar
de que ardamos bajo el mismo fuego
puedo odiarte
por preocuparte tan poco
de quemarte
de quemarlo todo
del fuego
hasta tal punto que
nos quemarás al resto
en tu camino a la autodestrucción

mi amor por mi gente
me hace
invencible
y
me parte
en dos
a la vez

– *comunidad*

sé que este no es tu yo entero.
que
nunca
somos una sola historia.
que
nunca
somos enteramente
nosotros
con todo el mundo.
que la vida lo hizo complicado.
que algunas pieles son más difíciles de llevar.
que
este dolor entre tus dientes
no dice
quién eres.

— mitad

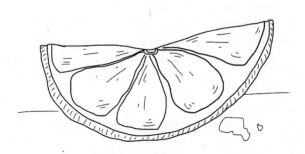

no sé exactamente cómo pasó. pero después de tres vidas esperándolo—hice un amigo. mi confianza en su sangre. su corazón en mis manos. mis brazos en su aliento. podemos ser dulzura y estar juntos a la vez. comer agua. beber sol. y respirar flores durante toda la mañana. podemos descansar. y vivir. queriendo. juntos. podemos abrazarnos. puedo tocarle—sin temerle. sin sentirme amenazado. se siente hasta normal. no puedo siquiera recordar cuánto ha pasado desde que no me encogía cuando un hombre me tocaba. cuando mis barreras no estaban bajadas en presencia de ninguno. (en realidad no creo que haya ocurrido nunca.)

pero baydoun es como estar en casa. él es. casa. es como yo pero sin serlo. somos uno en dos. él me hace recordar quién soy. me hace recordar que está bien ser quien soy. ser un hombre. ser gay. haber sido abusado. acosado. y maltratado por hombres. y seguir creyendo en ellos. y quererles. y seguir creyendo en mí. y quererme. no es que no le asuste—sino que no le importa. que le señalen por abrazarme. y me siento atónito porque por primera vez en mi vida. he hecho un amigo. y por redundante que pueda parecer ha sido la experiencia más bonita que he sentido en mucho tiempo.

no creía en los hombres.
no creía en la confianza. y
no creía en el amor. pero
creí en ti.

gracias. por
desafiar mis creencias y
hacerme mejor persona
en el proceso, amigo.

— carta a mi primer amigo

no me importa.
lo
que parezca.
porque
yo sé. lo
que es.

— *ellos | nosotros*

aceptarte.
es
aceptarme.

— hombre

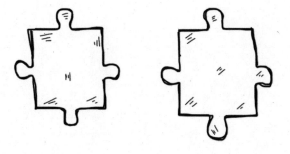

entender
que tú. no eres más
que
quien yo
hago que seas.
que
eres
yo
y vinimos juntos.
que
somos.
almas gemelas.
es
liberarme.

— *masculino | estereotipo | hombre ii*

hemos estado en guerra.
ahora recogemos los restos.
esta es la cura.
necesitamos tiempo.
lágrimas.
estrellas.
estamos
volviendo
a casa.
de vuelta.
a nosotros mismos.

— hombre iii

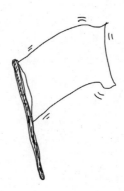

no tengo miedo a quererte.
incluso aunque
te vayas.
y
me dejes sosteniendo
un corazón
entre los dientes.

— *hjärta*

solo porque
tú me trataras mal
no tiene que significar
que todos me tratarán
de la misma forma

solo porque
tú me hicieras daño
no tiene que significar
que yo me vaya a convertir
en toda esa tristeza

solo porque
todo empezara mal
no tiene que significar
que acabará así, mi vida.

— hombre iv

el dolor sin sonido. invisible.

– *masculinidad*

he intentado quererme
y odiarte
pero
nunca ha funcionado

no puedo odiar y a la vez querer
lo que soy, mi vida.

— hombre v

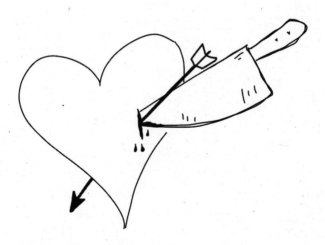

la confianza. es esa cosa brillante que se desliza
entre sus dedos.

creo que diecinueve
años
es
tiempo suficiente para perdonar, hayati.

— hombre vi

encuentra la cosa
que te hace daño.
que sostiene las raíces de tu dolor.
encuéntrala. y
arráncala de cuajo.

he sido entrenado para no confiar en ti.
pero estoy cansado de llorar mi dolor
por dos vidas. y poco a poco.
pero sin pausa. estoy volviendo
a casa de vuelta a ti, mi vida.

— *hombre vii*

estoy lanzando este dolor contra tu espalda.
estamos creando una revolución. nos vamos a
quedar. escuchar. abrir. sentir. dejar ir. y
estamos aprendiendo a confiar
sin marcharnos, mi vida.

— *hombre viii*

esto es un trabajo de reconstrucción.
puede que queden cicatrices. cómo
podría ser de otra manera.
cuando estamos haciendo vida de ruinas.
las cicatrices están en todas partes. y son
extraordinarias, mi vida.

— *hombre ix*

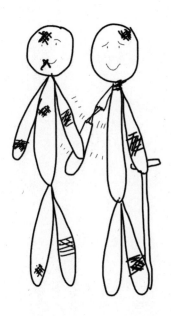

odiarte. es odiarme a mí.
no puedo respirar en paz.
sin.
algo de aire de tus pulmones, mi vida.

— *hombre x*

por qué luchar.
cuando
en lugar de eso
podríamos nadar
estas olas de dolor
juntos.

no sé (ni me importa).
si
esto está bien o mal.
pero nunca
me sentí tan libre
al
decirlo, hayati.

– *hombre xi*

quizás.
lo
tengamos
más
fácil
si soltamos esto.

– dudas

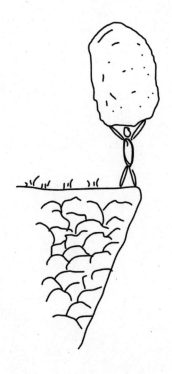

el perdón significa estar en paz.
no simplemente no odiarte.
a veces. el perdón es volver a amar.
y estoy aprendiendo a estar en paz
a través de amarte. de amarme.
de
amarnos, mi vida.

— *hombre xii*

estoy preparado para perdonar
estoy preparado
para ser libre

– cadenas

este
no es
el síndrome de estocolmo.
no estoy
enamorado
del dolor.
estoy enamorado
de la cura, mi vida.

— *hombre xiii*

y puede que aún no estemos ahí. pero
lo estaremos algún día.
lo
estaremos. algún día. bebiendo
sol
y comiendo estrellas, hayati.

— hombre xiv

aún me da miedo tocarte.
porque
mis recuerdos arden.
pero encontraremos la manera.
de aliviar las llamas.
resistiremos y
nos convertiremos en sol en
el proceso, mi vida.

— *hombre xv*

ábrele las puertas al dolor
si eso significa
abrirle las puertas a sentir
otra cosa
más allá del miedo

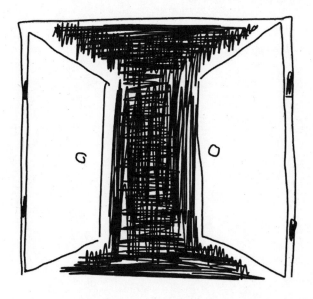

creo que somos. que soy. mucho más.
que hombre. y sexo.
que gay. y sexualidad.
creo que somos algo más que humanos.
pero. el nombrarlo. nos ayuda
a entender a veces.
nos ayuda a identificar. o desidentificar.
nos ayuda a compartir la guerra.
y a acercarnos el uno al otro
en el proceso, mi vida.

— *hombre xvi*

quiero
sentir la vida. tan
densa
y apasionadamente.
que un pestañeo.
apague
el sol.
y un suspiro.
provoque tornados.
en los pulmones de mi boca.

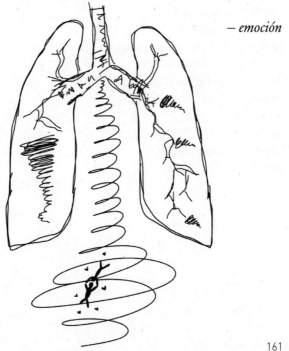

— emoción

quizás. habría
sido más fácil
elegir la vida de la herida.
la vida del dolor.
la vida del odio.
la vida cicatriz.
de haber sido una mujer. con
toda esta vida arrebatada
a manos de hombres. quizás
culpar a todos los hombres.
odiarles.
habría sido más fácil
de no haber sido uno.
pero cuando es mi propia sangre la que me lastima.
cuando es el mismo hueso
del que estoy hecho el que me apuñala.
cuando soy. un hombre. también.
no me queda otra
que verlo.
o vivir en odio y mentiras
por el resto de mis días.

y estoy aterrorizado.
pero mis ganas
pueden más que mis miedos.
acaso no es eso magia.
mi deseo de ser libre
calma mi miedo al dolor. y así
estoy dispuesto a abrirme
a ti. a mí. sin miedo
a ser
roto de nuevo, mi vida.

— *hombre xvii*

a veces. llegué a pensar
que me traicionaba
por quererte. llegué
a pensar que
estaba traicionando a mi gente.
pero cómo pude ser tan ingenuo, mi vida.
cuando
tú. también eres mi gente.

— *hombre xviii*

eres.
un lugar
precioso.
para
ser
libre.

— tierra

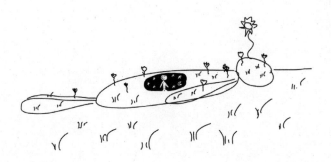

mi amor. te sentarías aquí.
te tumbarías aquí...
conmigo.
sostendrías mis muñecas.
sintiendo mi pulso
dándome la mano.
acaso nunca te enseñaron.
que no tenemos que hablar
el mismo idioma.
para entendernos.

esto es una relación.
yo
y
toda la población humana de hombres.
esto es
una relación.
no somos enemigos. y
tan solo estoy empezando a entender, mi vida.

— *hombre xix*

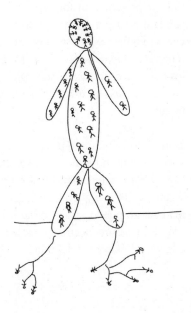

pero entonces llegó a mí. de manera repentina.
esto. no puede continuar. no puedo ser libre y estar
lleno de odio a la vez. no puedo reclamar mi deseo
a la felicidad mientras estoy en guerra con toda la
población humana de hombres durante toda mi vida.
esto tiene que parar. solo porque me hicieran daño.
solo porque me haya encontrado incapaz de confiar
en ellos. no significa que todos merezcan ser mirados
con los mismos ojos de miedo. de desconfianza. de
dolor.

ellos no son este dolor. ni son los que lo provocaron.
ni los representan ni son representados por ellos. no
son la misma persona solo porque sean hombres. no
corro ningún riesgo con ellos. no estoy en peligro. no
tengo por qué temerles. necesito repetirme esto todos
los días. necesito tragar estas palabras. para desayunar.
comer. y cenar. no estoy en peligro. no hay de qué
temerles.

es más. no solo quiero perder este miedo. quiero
aprender a no odiarme por amarles. soy un hombre
gay. nací y moriré amando a los hombres. no puedo
seguir siendo una guerra conmigo mismo de esta
manera. no puedo amar y odiar mi propia naturaleza
a la vez. necesito elegir la vida de la cura. del perdón.
o la vida del dolor. y del odio.

y aquí seguimos.
moviéndonos despacio.
puede que no estemos ahí todavía. pero.
nos estamos moviendo. y eso es todo lo que cuenta.
te quiero.
y estamos
floreciendo de manera tan hermosa, mi vida.

— hombre xx
(carta de amor para los hombres. para mí.
en veinte partes)

lo que no te hace feliz.
ya sea que nunca lo hizo
o ha dejado de hacerlo.
abre las puertas.
deja que salga.
y
sé libre.

— *orkar*

podrás sostener el mundo entero. entre tus manos.
y aun así. nada se podrá nunca comparar
con la sensación.
de amar y ser amado.

el sonido de tus dedos
bailando dentro de mí
es mi nana preferida
acaso no te das cuenta
de que llevamos toda la vida esperando
para ser así
de libres

si juzgas a alguien
por su pasado
estás ignorando
su oportunidad
a una nueva vida

— *cambios*

cuando te veo
y
estás aquí
siento las lágrimas
de mi boca
volver
al cielo
una
a
una

tú hablas
y yo te escucho.
yo hablo.
y tú me escuchas.
así es como compartimos
la guerra.
así es como
hacemos magia
de las palabras.

— amigos

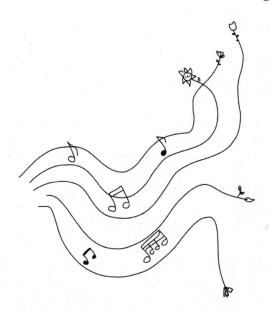

el tacto
de
tus manos.
es
rompedor.
sanador.

— *tú*

el brillo
en
tus ojos.
me
deja sin aliento.
y me da la vida.

– tú ii

ojalá hubiera podido decirte
que no necesitabas ser valiente para ser mi amigo
pero no quería empezar
esta amistad
en una mentira

— *lo que el bullying le hizo a nuestras vidas*

después

te quiero
y
tú me quieres.
pero
no puedo seguir creyendo en ti. mientras
creo en mí.
no puedo seguir haciéndote feliz. sin
hacerme infeliz.
y
esta no es la clase de amor que nos merecemos.

— después

baydoun. sé que es el rugido de tus padres lo que oyes
cuando suena el fuego. sé que es su vergüenza la que
te quita el aire cuando me das un beso. entras dentro.
o incluso a veces cuando sostienes mi mano. que esta
gente europea no entiende. no entendemos. lo que
eres. que para ti no es solo un libro. y la familia es más
que sangre. aunque te la quiten. aunque te la drenen.
sé que vinimos de distintos libros. que hemos vivido
diferentes historias. pero ahora estamos aquí. el punto
de inflexión donde yo acabo y tú empiezas es un
embudo que me arrastra a lo que no soy. y no es justo.

no puedo seguir siendo yo y contigo. estando aquí
y en paz. no puedo seguir entendiendo algo que
no solo no me entiende. sino que me demoniza.
respetando algo que no me respeta. no puedo seguir
escondiéndome. no puedo seguir con miedo. he
intentado que compartamos la guerra. pero no me has
dejado usar mis armas ya que tú no usabas las tuyas.
no me has dejado usar mi voz. y no puedo seguir
compartiendo tu silencio ante algo que nos quiere sin
vida. por algo que no va a ninguna parte más que lejos
de quien espero ser. no puedo seguir contigo sin dejar
de ser yo. y es por eso que me voy.

no puedo ser libre. y tener miedo.

pudo nuestra historia
acabar.
si
nunca llegó
a empezar.

— *todo lo que perdí ante el bullying ii*

tu amor es como beber agua seca

– fantasmas v

podríamos
haber elegido ser
algo extraordinario
pero
en lugar de eso
elegimos
el miedo

— *todo lo que perdí ante el bullying iii*

pero ellos no lo entienden. cómo podrían entender.
si su día a día es una utopía para ti. si todo lo que
buscas. quieres. anhelas. todo lo que te falta. es todo
eso que ellos apenas se dan cuenta de que tienen.

cómo podrían saber. lo que se siente al estar en el
desierto mientras se dan un baño en el lago. no puedes
saberlo. mi amor. tu piel no lo sabe. tus entrañas no lo
saben. tus lágrimas no lo saben. tu lengua no sabe. de
todo este peso. tu espalda es tan ajena a este dolor. que
aunque lo veas en otros. nunca lo entenderás.

– privilegio

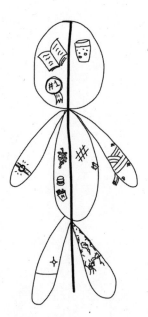

no sé si matábamos el tiempo
o si el tiempo
acabó con nosotros. pero
de cualquier manera
me alegro
de
que
estuviéramos tan dispuestos a
hacerlo
juntos.

las películas que vimos juntos dentro de abrazos y caricias. nunca supieron de nosotros. esos libros que leímos. las historias en las que buceamos. las canciones que cantamos. nunca supieron quienes éramos. nunca sabrán. quienes somos.

— ficción

nos conocimos
en un multiverso
en todos sitios y en ninguna parte
dentro y fuera
del espacio
era un puente entre dos mundos
y nosotros
también lo fuimos

— *crónicas de asiria*

aunque nuestra relación no
durase.
todo lo que me llevé. viví. amé.
de ella.
es
infinito.

—ya es parte de quien soy

has
estado
bebiendo
toda tu vida de este veneno
ya veo por qué
tu boca no reconoce siquiera
el sabor del agua

ya veo por qué
ves agua y
lo confundes por veneno
ves veneno y
lo confundes por agua

— *el sabor de la verdad | prototipo*

sé que puede manchar todo tu sistema.
pero
otros aprendieron a hacerlo antes.
y
te enseñarán.
cómo
respirar.
cuando tu sangre te envenena.

me diste la mano. y
luego fueron a por ti.
pero
siempre he querido decirte—
esa misma noche.
al reposar mi dolor entre las sábanas.
mientras limpiaba la sangre de mis miedos.
sonreí. y me sentí algo más humano.
más vivo.
para seguir adelante.

— *manos que son revoluciones | compartiendo la
guerra ii*

y
esta complejidad.
estuvo. está. siempre estará. aquí.
y
el hecho de que otros la vean.
y tú no puedas.
no hace a otros demasiado complicados.
(como si entender la complejidad fuera algo negativo)
quizá. te hace
a ti
demasiado banal.

— bicho raro

sabremos que el momento.
ha llegado.
cuando
sean los árboles quienes
compongan canciones de amor para los pájaros.
y
los océanos empiecen
a bucear en los peces.
cuando.
llegue el momento.
todos
sangraremos agua.

— *empatía*

así como yo
empecé mi vida tarde. también lo hicieron
tantos otros millones que vivieron
en armarios húmedos del miedo por tanto tiempo.
cuando nos juntamos. es el trauma quien habla.
a veces.
necesitamos aguantar el aliento por tres vidas.
antes de ser capaces de decirnos una sola palabra
el uno al otro
sin el fantasma del miedo.

— trabajo de reconstrucción | juntos

me siento indignado. cuando mucho después de
que ocurra. salgo de mí mismo y lo contemplo
desde fuera. cómo podía alguien en pleno uso de sus
facultades mentales. haber elegido tales amigos. tales
maneras. tales caminos. cómo pude elegir como mejor
amigo. a alguien a quien simplemente no le importaba
sentarse en la misma mesa que yo. cómo pudo ser.
que mi distorsionada visión pudiera ver un amigo. en
alguien tan indiferente a mí. tan despreocupado de
mi bienestar. cómo no pude ver. que una persona que
sencillamente tolera tu existencia. no es un amigo.
son un espejismo. una ilusión del amor. de la amistad.
que estoy deseando recibir. traído de una profunda
necesidad de sentirme amado. una vez más definiendo
el amor. no como siquiera aprecio o empatía. sino
meramente como respeto barato.

— *pero supongo que no estaba en pleno uso de mis*
  facultades mentales

a veces.
es difícil saber si
todo
se está desmoronando.
o recomponiendo.
así que agarro el espejo más cercano.
observo a la cosa brillante.
al otro lado del espejo.
limpio la sangre
que gotea de mis muñecas.
dejo que los minutos. horas. vidas. pasen.
entonces respiro.

no temo
al egoísta que se considera egoísta.
ni al que no lo es pero se cree
que sí.

quien de verdad me aterra
es el egoísta que cree no serlo.
el mentiroso que se cree sus propias mentiras.

— *tus mentiras son una receta para ti.*
  no nos hagas tragárnoslas.

si no te sientes apoyado ahora.
por favor. recuerda.
que tu luz
aún
te quiere.

si amor es lo que de veras sientes. hacia mí. vas a
tener que dejar de decirme lo que se supone que
tengo que sentir. vas a tener que parar de minimizar
mis cicatrices y decirme *estás bien*. como si tuvieras la
mínima idea de cómo me he sentido por lo que me ha
ocurrido. y cómo eso me ha afectado después. porque
aunque te creas que sí. no lo sabes.

necesito espacio para cicatrizar y decidir por mi cuenta
sin la absurda suposición de que seré yo mismo
enteramente. ileso. y como nuevo. al cien por cien.
justo después de una situación de abuso. bullying.
trauma. pérdida. ruptura. y piensa. si lo que estás a
punto de decir en este tema no va a contribuir de
ninguna manera a la cura. es mucho mejor que ni lo
digas. a veces el silencio dice más que las palabras.

es a menudo la gente que intenta ayudar pero no sabe
cómo. que acaban empeorándolo todo y haciendo más
daño al que en teoría quieren ayudar. escucha a las
personas que entienden. aprende. a entender. respeta.
por lo que he pasado. cómo lo sigo procesando. y lo
que tenga que venir de ello. respeta. todo entre medio.
y sobre todo. no cometas el error de asumir. que tienes
algo que decir sobre cómo me siento.

— *para cuando hables con el dolor*

mi amor no
te necesita.
para que el amor
viva aquí. en mí.
no necesito nada ni de ti ni de nadie.
mi cuerpo. es la casa en la que vive.
y yo soy el único que puede cambiar eso.

— soy las llaves

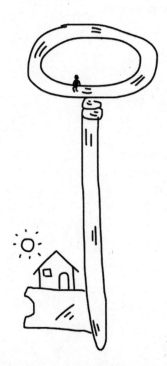

uno.
soy un.
solo individuo.
no un grupo.
no un número.
no una clase.
no lo que la media siente.
piensa. y dice.
quiero que me veas.
que me trates.
como un solo individuo.

— *reparaciones*

soy una tormenta de luz en una noche oscura.
en todos lados y en ninguna parte.

no. no puedes. perder algo.
que
aún
no has llegado a encontrar.

– *tú mismo*

conozco bien mi derecho a hablar con ella. y nunca
le negaré a madre tierra una conversación. un sorbo
de té. un húmedo abrazo. aunque sea en la punta
más hostil que tenga y los colonizadores me persigan.
sé que ella ve los seis colores goteando de mi piel.
y me abraza con más fuerza. siempre he tenido seis
continentes en los que ser libre. aunque esa ley
fanática no lo sepa todavía.

— el sexto continente

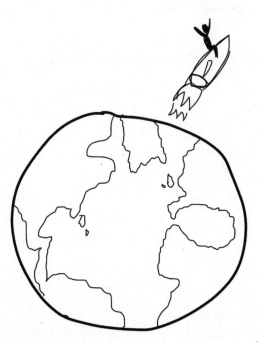

una vez dije
mi existencia
está pausada.
hasta que pueda ser enteramente yo.
pensando. que ser enteramente yo. significaba
que todos respetaran mi derecho a existir.
pero me he dado cuenta
que a pesar de ser tan bajas las expectativas
si
hago
eso
de veras moriré esperando.

— *a veces uno tiene que seguir aun a medias*

si no escribo.
siento el peso de las palabras
obstruyendo el camino hacia mi garganta.

— *aire*

cuando las nubes entran
y las palabras salen.
sé
que es hora de sentarme en el océano.

— *ansiedad | cuando es mejor no hablar*

mi evolución
es tan densa y ágil. que
si me ves.
y
en un par de años. días. minutos.
me ves. de nuevo.
tendrás que conocerme otra vez.

– exilio

sí. soy una persona radical.
radicalmente viva.
radicalmente yo.
radicalmente libre.

la vida me ha enseñado
que a veces no sirven las medias tintas.
y que en el amor propio
o me quiero.
acepto.
y
respeto.
radicalmente.
o mejor ni lo intento.

— *medida*

personas maduras pueden
tomar decisiones inmaduras
y
personas inmaduras
tomar decisiones maduras
la madurez no es una cadena perpetua

– fluidez

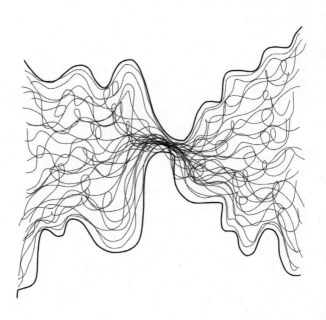

jamás la llames.
y
al más mínimo soplo de
aire.
vendrá
nadando
a
tus pies.

– *inspiración*

la teoría.
qué hay de
esa teoría.
de
estar demasiado vacío y demasiado lleno.

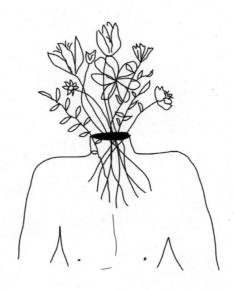

estoy comiendo lágrimas. para desayunar. comer.
y cenar. estoy comiendo lágrimas.
y
lanzando este dolor de vuelta al cielo.

— *cura | luto*

la guerra acabó.
pero
aún
se siente
por dentro.

(está llorando. cantando. rompiéndose. curándose.
todo a la vez. está intentando llegar de una pieza
de la batalla. está dando todo de sí día tras día. para
no convertirse en otra historia triste. en otra historia
bélica. se está despertando. y este crujido. es la voz
de su dolor.)

— cuando la guerra ya no quiere guerra

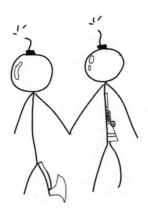

quiero seguir siendo vulnerable.
es la única cosa
que me mantiene
a salvo
de mí mismo.

— *ego | hielo*

siempre exigimos todo este
amor
sin saber siquiera
si estamos
preparados
para recibirlo

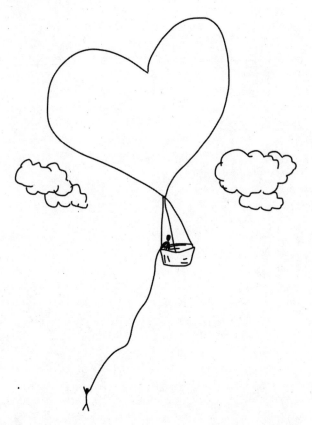

mi soledad
me introdujo
a mí mismo

construir. y reparar.
una relación. ser. o cosa. rotos.
conlleva tiempo.
no apresures el proceso
de
devolver cosas muertas a la vida.

— alquimia

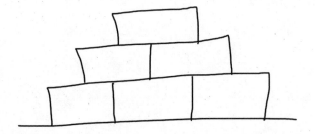

si los sientes. distantes.
no te acerques a ellos solo para dar
negatividad y pensamientos retorcidos.
en lugar de eso.
levanta sus cabezas.
pregunta si están bien.
ayúdales a poner su luz. de vuelta en sí mismos.
llévales a su lugar especial.
porque las vidas que crees. que han vivido.
que están viviendo.
no tienen nada que ver.
con las vidas que viven.

— *amigo ii*

el mundo acabó anoche.
y
entre llorar y reír.
elegí la risa.
reírme de mí. de mi miseria.
y esto
no
significa
que no la sufra.
pero al ver
el fin.
todo lo sufrido.
toda esta oscuridad.
pensé
que sería un sinsentido acabar
mi viaje aquí
convertido en una tristeza.

— *el fin ya está aquí y yo sonriendo*

no juzgues mis cielos.
es solo
que hoy
me desperté
sintiéndome
algo
invencible.

hay veces.
que la gente expresa las cosas de una
manera tan educada. exquisita. inmaculada.
que casi parece que tienen razón.
no te dejes engañar por eso.

— piensa críticamente. la educación no
significa tener razón.

curarse es un viaje. y

escribir. dibujar. hablar. sobre ello.

sobre

lo

que pasó.

es extremadamente terapéutico.

si

finalmente sigues adelante

y lo dejas atrás.

si

entiendes. que

puedes hablar de la persona que fuiste

sin serlo.

si

puedes mirar a los ojos al

dolor del pasado. y no sentirlo ardiendo.

pero

extremadamente doloroso y limitante.

si no puedes.

un psicólogo
un profesor
un padre
un orientador
un hermano
son también humanos.
y
una licenciatura
un trabajo
un coito
un rol
un 50% de sangre compartida
nunca forzará a un ser humano
a entender. ver. querer a otro.

— *mente*

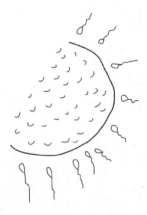

si me abro a ti.
sobre mi dolor.
no quiero que lo hayas estudiado.
quiero que lo hayas sentido.
quiero que
podamos compartir este peso. de manera que
cuando mis órganos lloren y se rompan
recuerdes la vez que los tuyos también
lo hicieron. y juntos podamos respirar en alivio.

— *terapeuta*

siento mucho que
tuvieras que sostener el mundo
con tus manos a
una edad tan joven

espero que
cogieras la lección correcta
y esto te haga
suave y vulnerable
y no duro e
inalcanzable
después de todo

— *esperanza*

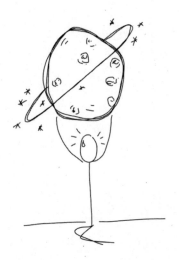

la empatía.
no es una teoría que estudiar.
sino una práctica que sentir.

— *terapeuta ii*

la verdadera familia. es a la que eliges.

— amor más allá del amor

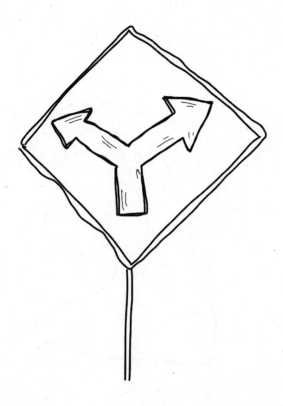

escribir sobre ello.
y
superarlo.
es exactamente lo mismo.

— *sinónimo*

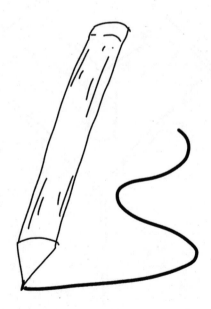

ser la calma.
o
ser invencible.
es exactamente lo mismo.

                              — *sinónimo ii*

pero hay una
cosa.
que he aprendido del
dolor.

el proceso. el viaje. los caminos.
el después. la manera. los ojos.
de
la cura.
son interminables.

tú. eres un conjunto de sueños. pero no dejes que
la ferocidad de tus sueños. el desenfreno de tu
imaginación. te consuman. no dejes que te coman
vivo. te estás acercando. o no. o a otro sitio. la cosa es.
que te muevas. que lo intentes. que lo des todo. que
vivas.

esto no significa que no debas intentar ser la mejor
versión de ti. pero en el proceso de serlo. no dejes
que tus mayores ambiciones. te cieguen de la vida.
haciendo una jaula. del mundo. de ti. donde vives.
solo para lograr. para conseguir. para obtener. para
morir.

si hay algo que deseo que tengas
profunda e intensamente
es la capacidad de elegir en tu vida
personas que te hacen sentir como que
eres algo extraordinario

— *ver. sentir. entender.*

escribo. porque
el sonido del dolor
dejando atrás mi cuerpo
me cambia la vida.
es mi placer
compartir mi sangre
más allá de las palabras.
compartir mis guerras.
aun cuando
nadie quiera
verlas.

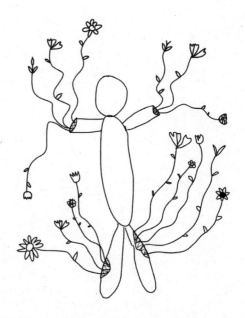

si queremos llegar lejos.
vayamos
juntos.

si te ves tan claramente.
en las palabras de mi llanto.
es porque yo lo sentí.
también.

— reflejo

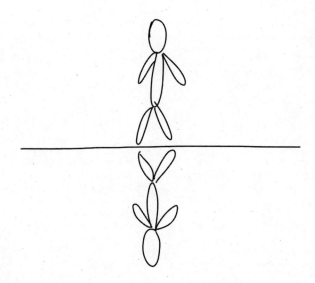

deja que mis océanos
inspiren ríos
a encontrar
su
camino
de vuelta a casa. si alguna vez sus aguas
se encuentran perdidas.

— *guía*

a veces los padres.
lo ven.
en sus hijos.
a veces no pueden evitar alimentar a su hijo
con dolor y lágrimas.
a veces eso
es todo lo que conocieron como amor.
a veces ambos se quieren
pero el hijo tiene que irse
si
quiere llegar a descubrir
lo que es un amor sano (aun desconocido)
por una vez en la vida.

— *a veces no es tan sencillo*

por favor. no te engañes
diciendo
que
me haces daño
porque
me quieres.
no es tu amor.
sino tu ignorancia.
tu miedo.
tu dolor.
lo que me daña.
es la falta de amor hacia ti mismo.
hacia mí.
la que nos daña.
y
ese dolor nunca ha sido. es. ni será. amor.

mi lengua conoce muchos tipos de amor.
el amor sol.
el amor agua.
el amor de las estrellas.
el amor cicatriz.
el amor paz.
el amor distante.
el amor baile.
el amor luna.
el amor que es
guerra.

— älskar

sangre
enfermedad
género
familia
tacones
uñas
sexo
educación
orientación sexual
ignorancia

no son más que palabras
y qué son las palabras más
que lo que hacemos que sean

— *no es el nombre de la cosa lo que importa*
   sino cómo esa cosa te hace sentir

este amor intenso. por lo que soy.
por lo que estoy. destinado a ser.
es lo único que conozco como naturaleza.

– de

si alguna vez quieres hablar.
estaré aquí.
justo
al otro lado
de tus miedos.

soy un hombre masculino. en tacones.
con uñas.

– él

en la lista de cosas que hacer.
no te olvides de tener en cuenta
ser feliz.

a veces.
no sabrán
cómo
apoyarte.

— idioma

estoy harto de
que todos se traguen siempre
la misma historia.
de débil a fuerte.
de roto a lleno.
de oscuro a luz.
y
simplemente no funciona así.
hay
capas
momentos
días
historias
veces
en las que no puedo ser
esa persona que esperas.

— *expectativas tóxicas*

mi sangre
no es una boca que hable por mí.
es tan solo una cosa
que corre por mis venas.

— *boca*

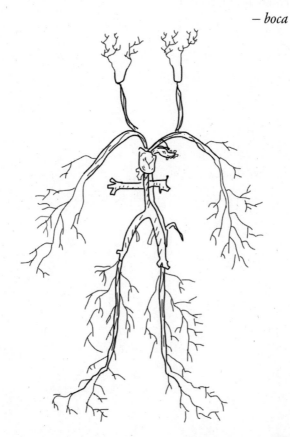

dices mi nombre.
y
esperas que me ofenda.
de verdad crees
que percibo mi nombre
como una vergüenza.

el error viene de
pensar
que la suciedad que ves
en este amor tan increíble
viene del amor en sí
y no de tus sucios ojos

— limpiar ese enredo en tus ojos no es cosa mía

asegúrate de elegir tu vida. me escuchas. asegúrate. de que tus errores. tus fracasos. tus éxitos. estar fuera. es algo que elegiste libremente. y no has sido empujado a hacer. tu vida está destinada a ser mucho más que un simple ejemplo de psicología positiva para otros adolescentes. y tú a ser mucho más que un modelo a seguir para nadie. tu vida vino aquí a hacerte libre. de ser lo que quieras ser. y a veces. esa libertad trata de elegir quedarte dentro. y no fuera.

pero yo hablaré con tu hijo.
a pesar.
de que no creas que
debería 'indoctrinarle' por
enseñarle libertad. por
enseñarle opciones.

si tú decides no hacerlo yo
voy a hablar con tu hijo.
y
no dudaré. en poner esas flores
en sus mejillas.
siempre será mejor
que
esperar demasiado
y
tener que ponerlas
en su tumba.

— previniendo que asesines a tu hijo
con tu ignorancia

la cura.
es por eso que escribo.

si digo negro
por la noche
y
blanco
en la mañana.
eso significa que
he crecido.
he explorado mis opciones.
he cambiado. de opinión.
pero no me hace. un hipócrita.

— aclarar

disculparse
es un acto de valentía
nunca hagas a nadie sentirse mal
por hacerlo

– *real*

no sentirte preparado.
para decir algo.
no
te hace ser
un mentiroso.

(incluso aunque niegues ese algo
cuando alguien invade tu
espacio con preguntas
invasivas para arrancarte respuestas.)

— ritmo

necesito escribir esta historia.
antes
de que me coma vivo.

lanzo mis ojos al océano.
le pido amablemente a mis demonios que descansen
que mañana seguimos.
seco el agua salada
de mis sábanas. de mis mejillas.
y entonces duermo.

— buenas noches | ansiedad ii

fingir que
tú.
no eres
tú.
no nos ayudará a sanar.
no nos ayudará a perdonar.
tan solo
lanzará
el dolor
a la espalda de nuestras gargantas.

— *frente*

no quiero ser perfecto.
quiero ser libre.

— modelo a seguir

nunca estuvimos vacíos
ni
cuando estábamos lejos de estar llenos.

hay
pintalabios rojo en la espalda de mi garganta.
necesito
ponerme manos a la obra.
esta noche
mis uñas son más largas
solo
para acariciar la luna cuando no pueda dormir.
mis pies están flotando.
y
solo pueden tocar el suelo en tacones de aguja.
estamos todos empapados. de
toda esta
masculinidad.
que gotea de mis muñecas.

— *alcance*

solo porque tus padres.
eligieron
la tradición.
el miedo.
la ignorancia.
antes que a ti.
no significa
que tú. no mereces amor.
cariño. tú. eres luz y vida.
tú. eres un baile de estrellas.
tú. eres tuyo.
siempre lo has sido.
y tus padres
no tienen nada
que ver
con esta
luz. que gotea de tu cuello.

— *elección*

el género
es
un constructo social.
un invento que
nos atrapa. nos maneja. nos enfrenta. nos limita.

el género es un constructo social.
pero yo no lo soy.

— libre

nunca crezcas creyendo
que
hiciste algo mal.
porque tus padres
no te eligieron.
me escuchas.
mi vida.
el dolor en sus cuellos.
el bajo espíritu.
la corta vida.
no tienen nada
que ver
con
tu increíble existencia.

— *elección ii*

romper con el dolor.
no me hace estar vacío.
solo porque
provenga del mismo hueso de mi sangre.

de hecho
nunca me había sentido tan lleno.
en toda mi vida.

los padres son humanos.
son imperfectos. al igual que tú.
esto
es normal. cometen errores.
puede que os hagáis daño.
esto
significa que quizá seáis
una guerra tibia a veces. pero
esto
no. significa que
debas vivir tu vida en llamas
por ellos.

— *padres abusivos*

no entiendes lo que soy.
está bien.

nuestro amor es agridulce. nos muerde
y nos apaga despacio.
está bien.

la vida nos separa
porque no podemos permanecer juntos.
está bien.

ya no somos uno.
porque no podemos estar juntos y en paz.
y está bien.

— ciclo de las relaciones

sí. tú puedes cambiar. y yo cicatrizar.
pero no sé si estaré dispuesto a darle
la bienvenida al dolor de vuelta a casa.
no sé si
tiene sentido.
sangrar tanto.
en el nombre de la sangre.

— *teoría vs práctica*

y cuando me preguntaste
cómo puedes dormir
después de arrancar tanta sangre de tu piel
no estás cansado. de pasarte las noches
sangrando.

cada hueso de mí respondió
no es tan complicado.
dejé de sangrar. cuando lo que arranqué de mí
fue el cuchillo que cortaba mi piel
y se hacía llamar sangre.
es un impostor. una fachada.
mi sangre. siempre ha sido mía.
mi piel. es mía.
mi cuerpo. es mío.
yo soy mío.
y no de esa cosa roja
que corre por mis venas.

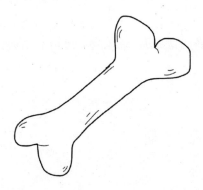

espero que
tengas un sitio
al que llamar hogar.
un alguien
al que llamar familia.
un corazón
para tu aliento.
pero si no es así.
espero que
intensa
desesperadamente
entiendas
que no necesitas nada de eso
para ser feliz.
que no necesitas
nada de eso
para tenerte
a ti mismo.

— no te dejes de lado solo porque otros lo hicieron

escucha a tu creatividad.
conoce el camino.

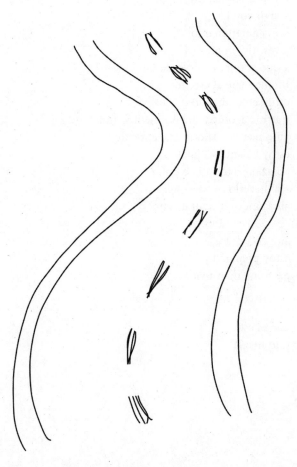

el dolor no ha desaparecido
en ningún momento
pero
estoy aprendiendo
a vivir con él
estoy aprendiendo
a vestirlo en mi piel
a que aun rociándolo de sal
no me mate el escozor
estoy entendiendo
que me acompañará por tiempo indefinido
y no nos queda otra que entendernos
estoy bajando la guardia
abrazando todo este dolor
y al hacerlo
abrazándome a mí mismo

aun con dolor
estoy preparado
para una nueva vida

y
qué es eso
sino magia

masculinidad
y
feminidad

qué
son
sino palabras

— el constructo de género

a la hora de crear.
ser incomprendido
es tan común
que el no comprender
se convierte en una nueva forma de
entendimiento.

por favor ten en cuenta antes
de tomar decisiones irrevocables
cuando tu joven y vívida mente
piensa demasiado rápido y pesado
y te conviertas en una masa negra de
nada infinita
antes de que te marches
sin despedirte
hacia donde no hay marcha atrás
antes de que la vida acabe
deja que empiece

— *aire ii*

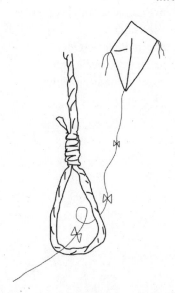

el trauma te intentará hacer creer
que debes traicionarte a ti mismo
para ser amado
que no vales siendo como eres
que deberías sentir vergüenza
de la cura

abre bien el pecho y escúchame bien
nunca te avergüences
de haber elegido a otros
que nunca podían curarte
antes que a ti mismo
esto también es parte del proceso

la cura empieza por elegirte a ti
una decisión
de amarte radicalmente
de aceptarte radicalmente
de respetarte radicalmente

tal vez
un día
cuando la lluvia suba
y el sol caiga
si el tiempo sigue
cuando nuestros pulmones fallen
podremos reconstruir
lo que una vez
destruimos

— confianza

mientras más cerca estoy de mí.
más lejos me siento de ti.
y
creo que estoy
empezando a entender que este
es el camino correcto. que este
es el único camino
a casa.
de vuelta
a mí mismo.

— *el único camino*

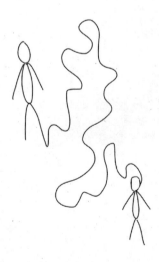

si solo vemos
lo que nos divide.
lo que nos ofende.
lo que nos duele.
lo que nos rompe.
si
solo llegamos a ver la sangre. el dolor.
el fuego. la tormenta.
puede
que nunca lleguemos a
ver
todo este amor aferrándose
a nuestras muñecas.
puede
que nunca lleguemos a ver
todo lo que nos une, mi vida.

— lentes

nos estamos despertando.
y
estamos perdonando.
el dolor
fue rompedor. pero
estamos
aprendiendo a respirar en paz de nuevo.
estamos
cicatrizando.
esto
es un proceso.
pero lo estamos haciendo juntos.
somos. resistentes.
poderosos.
invencibles.
vamos a crecer por encima de todo este dolor.
estamos trabajando en todo este proceso. y
de veras espero
que puedas verlo algún día.
porque
estamos haciendo algo hermoso,
mi vida.

acerca del autor

alberto ramos es un joven artista de origen malagueño. su trabajo es leído en institutos y ha inspirado a muchos jóvenes en una situación parecida a la suya. él cree que las experiencias son en gran parte lo que hacemos de ellas. y después de experimentar todo lo que han inspirado sus horribles vivencias está determinado a seguir creciendo a través de todo lo que venga. y en el proceso ayudar a quien esté en el mismo viaje. a alberto siempre le han apasionado el arte y los idiomas. tras sentir lo que sus primeros libros *eighteen* y *gay* significaron para tantas personas. ha querido seguir compartiendo su proceso de sanación a través de estas conversaciones consigo mismo. que son sus diarios poéticos. *baydoun* es el comienzo de la segunda fase. de este proceso. algo después de que lo que ocurrió en la primera fase. *eighteen* y *gay*. quedara atrás. alberto no cree que algo roto se recomponga o vuelva a su sitio automáticamente. en el momento en el que se guarda el martillo. él cree que hay todo un proceso de recomposición después de un dolor tan profundo. (sea bullying. trauma. abuso.) que a menudo se vive en voz baja. y este libro es su manera de entender que todo lo que le arrancaron. sigue ahí.

información importante

cuando sientas que el peso de tu espalda es demasiado
para sostener por tu cuenta. que la vida es demasiado
cruda. tanto que no merece la pena vivirla. cuando
tu respiración se te haga tan pesada que no puedas
evitar pensar en poner un fin a tu vida. cuando sea
que cualquiera de estos pensamientos crucen tu mente
(no importa la intensidad) y no encuentres solución ni
manera de liberarte. por favor llama.

alemania: **08001810771**   argentina: **02234930430**

australia: **131114**   austria: **017133374**

bélgica: **106**   botswana: **3911270**

brasil: **212339191**   canadá: **5147234000**

croacia: **014833888**   dinamarca: **70201201**

egipto: **7621602**   españa: **914590050**

ee. uu.: **18002738255**   estonia: **3726558088**

filipinas: **28969191**   finlandia: **010 195 202**

francia: **0145394000**

holanda: **09000767**

hong kong: **2382 0000**

hungría: **116123**

india: **8888817666**

irlanda: **8457909090**

italia: **800860022**

japón: **352869090**

méxico: **5255102550**

nueva zelanda: **800543354**

noruega: **81533300**

portugal: **21 854 07 40**

polonia: **5270000**

reino unido: **8457909090**

rusia: **0078202577577**

sudáfrica: **0514445691**

suecia: **317112400**

suiza: **143**

si eres homosexual. bisexual. lesbiana. transexual.
queer. pansexual. asexual. y demás. también puedes
llamar y escribir aquí.

(+1) 1-866-488-7386

amo todo lo que eres.

la serie eighteen – segunda fase

eighteen y *gay* conforman la primera fase de
la serie eighteen. son poemarios independientes
y autoconclusivos que han conquistado a una
generación convirtiéndose los dos en los libros de
poesía más vendidos de españa en su publicación.

baydoun es el comienzo de la segunda fase. una fase
que ahonda en las relaciones. amistosas. amorosas.
familiares. en la confianza y la falta de ella. cuando
el mundo te enseña que confiar es un peligro. es
un canto a ambas. deshacer lo que el mundo hizo
contigo. y fluir con ello. es también la fase donde
aprendemos. a decir adiós. aunque nos duela.
aunque solo queramos empezar de nuevo.

el camino visual

instagram, twitter & tiktok – @albeertoramos